MW01602950

I
BELEIVE
IN
MYSELF

I
AM
COURAGOUS

JUST
BREATH

I
AM
BEAUTIFUL

I
AM
RESILIENT

I
AM
SAFE

LIFE
IS
GOOD

KEEP
GOING

I
AM
CALM

I
AM
STRONG

JUST
BE

EVERYTHING
WILL
BE OK

I
HAVE
WISDOM

I
WILL
SURVIVE

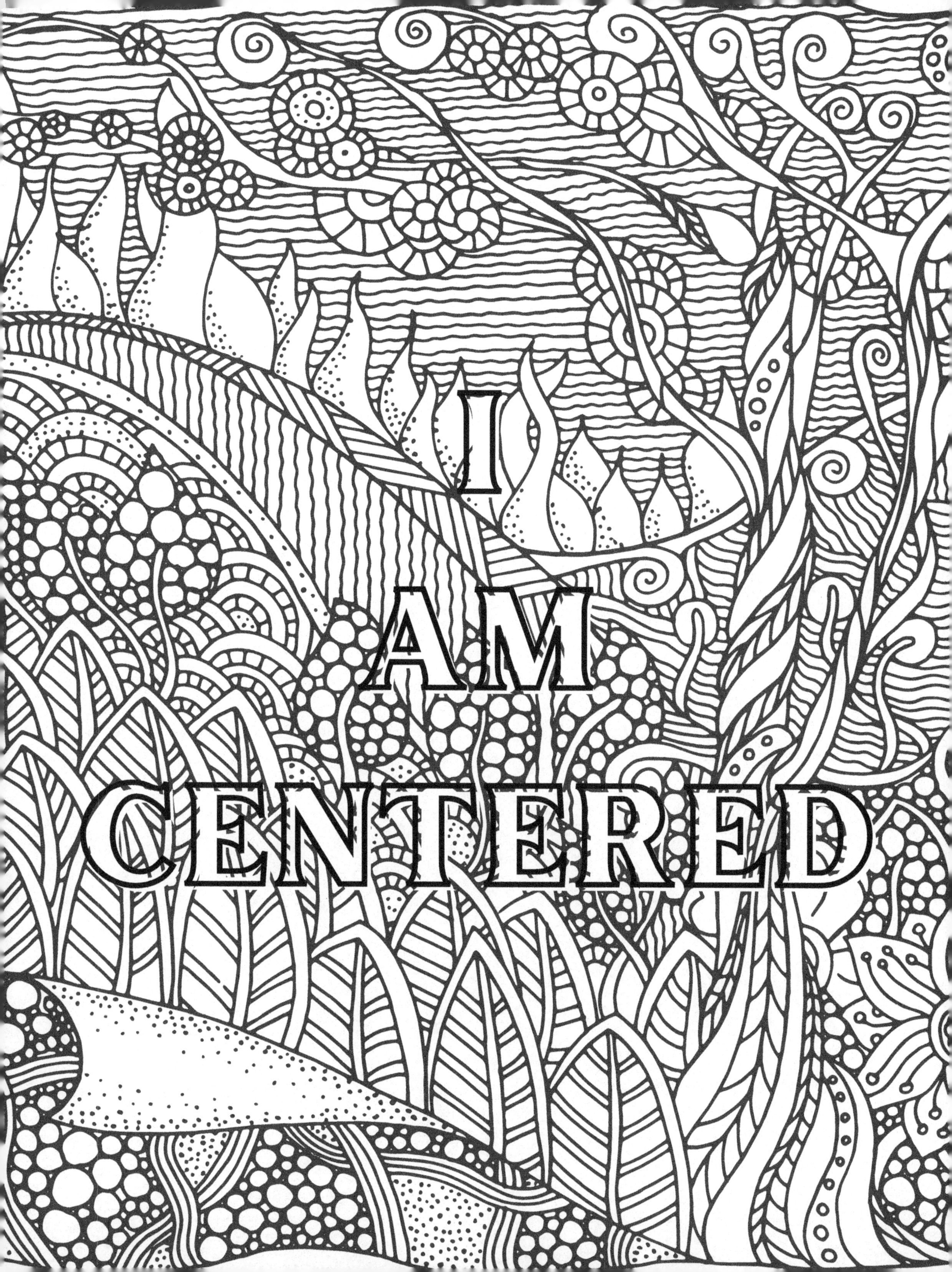
I
AM
CENTERED

THE
PAST
IS
OVER

I WILL
FOLLOW
MY
DREAMS

I
AM
AMAZING

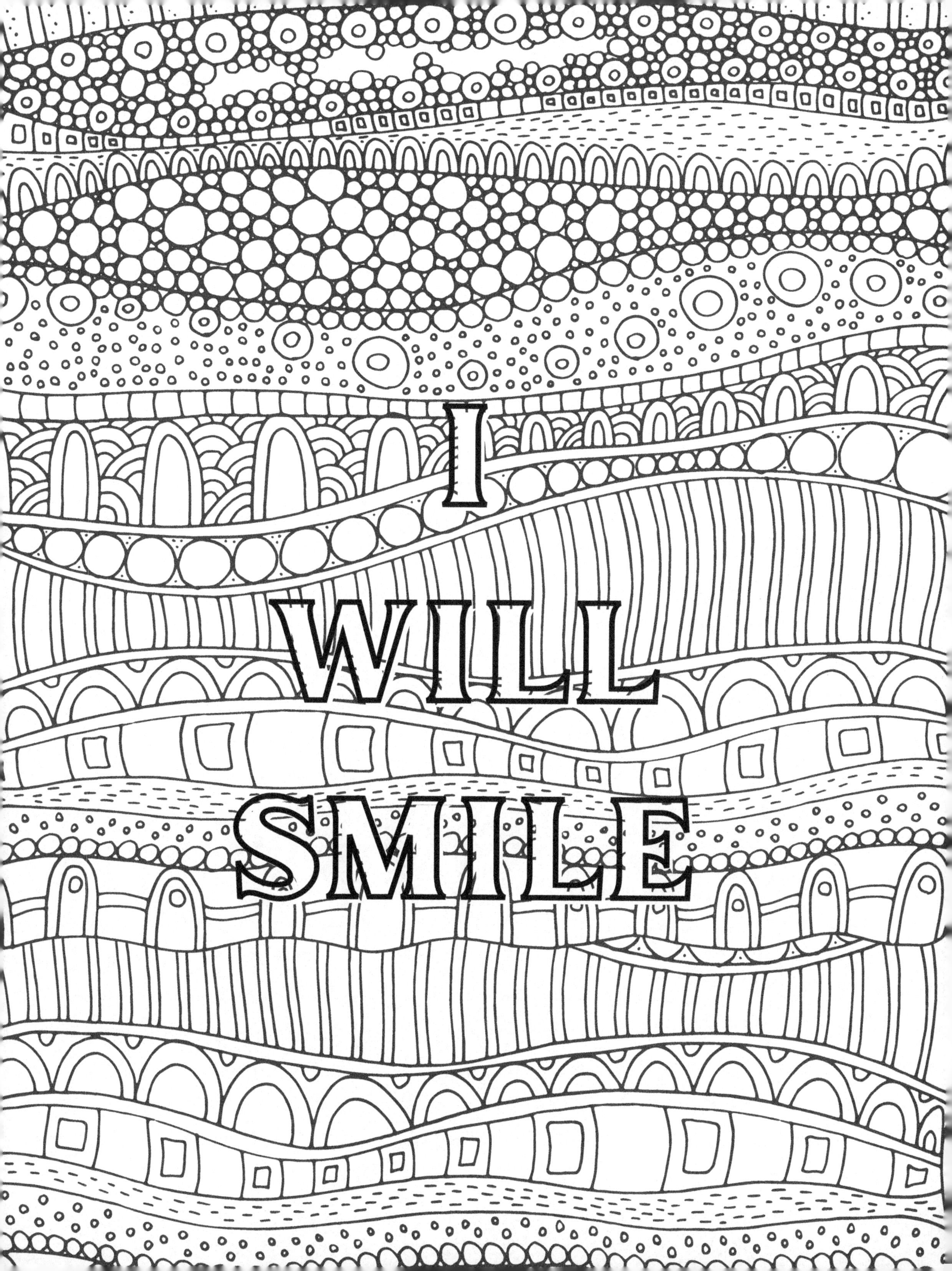
I
WILL
SMILE

IT'S OK
TO CRY

I WILL
FOLLOW
MY
DREAMS

I
AM
WORTHY

I
BELIEVE

I
AM
UNIQUE

I WILL
FACE
MY FEARS

I
AM
HAPPY

I
AM
CAPABLE

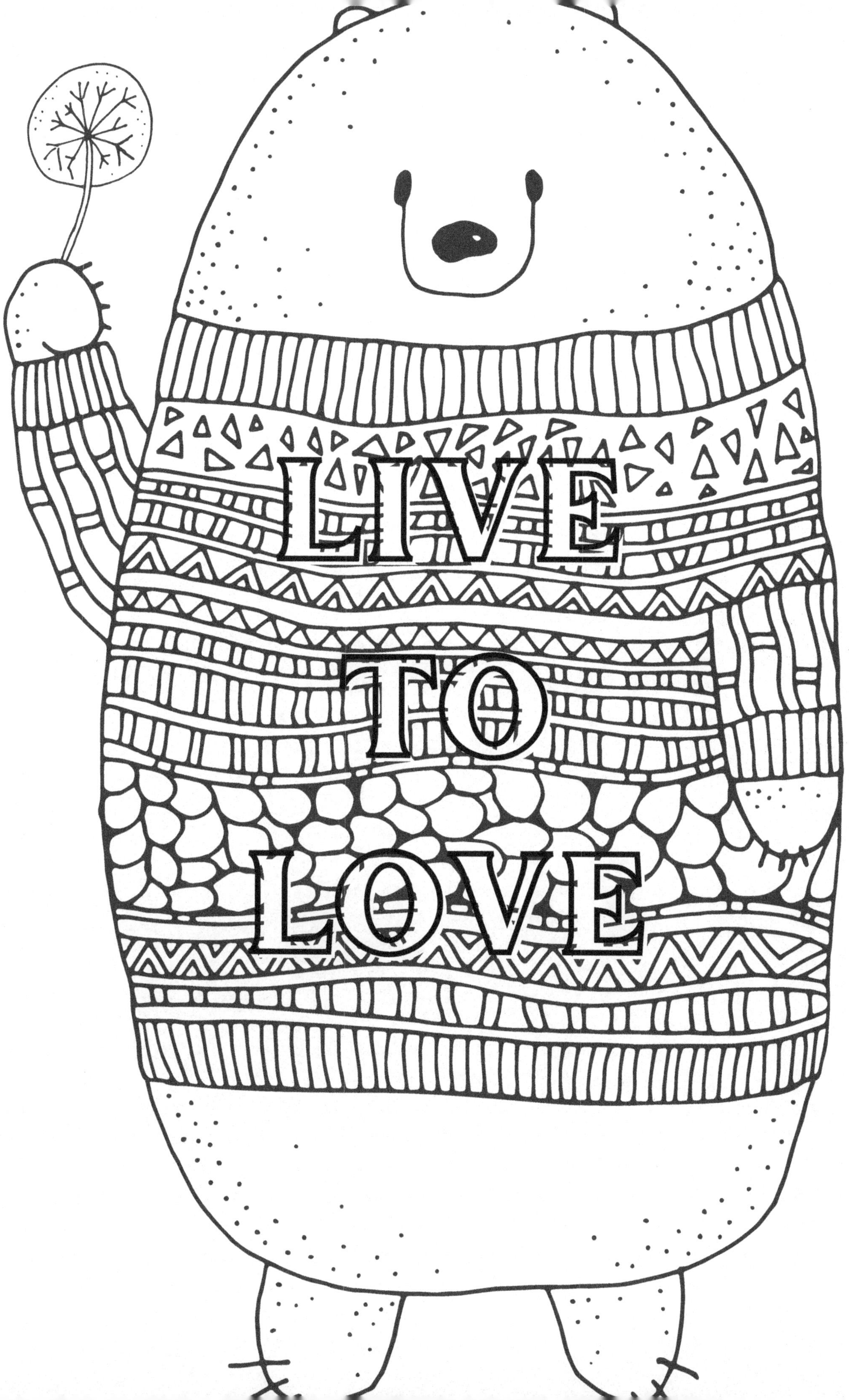
LIVE
TO
LOVE

I
HAVE
SELF
RESPECT

I AM

WORTHY

SELF
CARE
IS
IMPORTANT

I
DESERVE
IT

I EAT

HEALTHY

I AM

LOVED

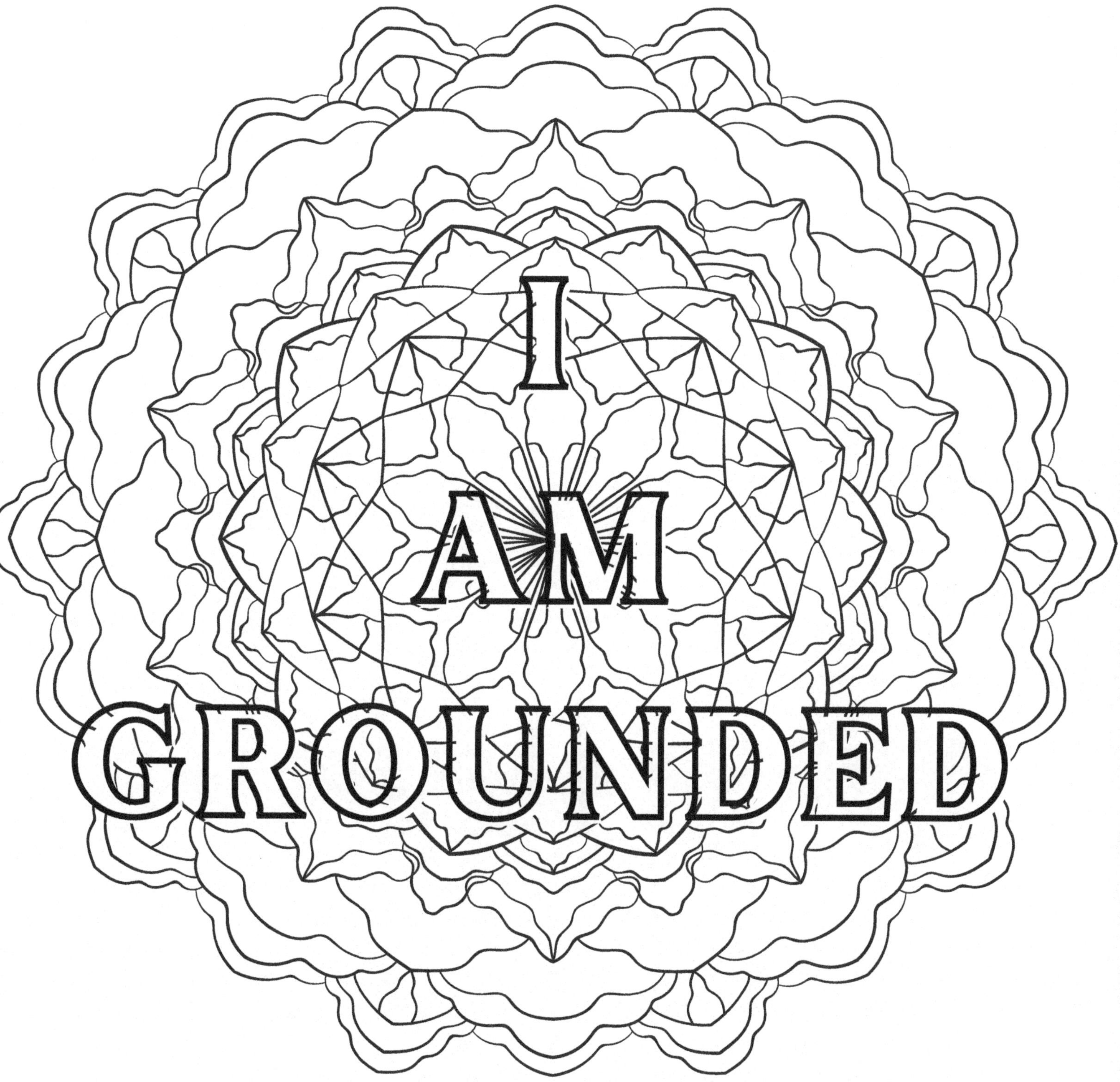
I
AM
GROUNDED

I AM

PRESENT

I
AM
WORTH
IT

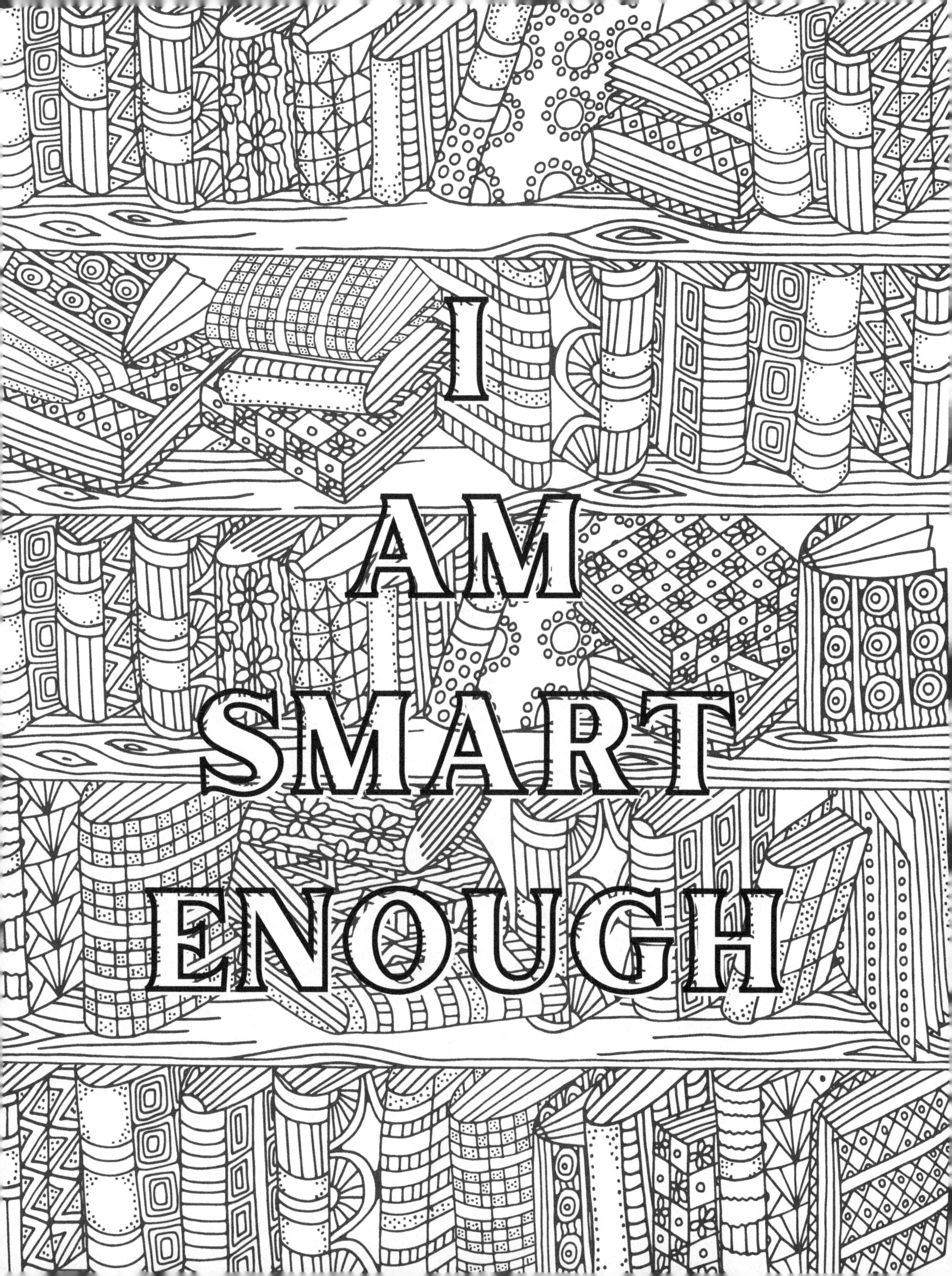
I
AM
SMART
ENOUGH

IT'S OK
TO SAY
NO

I
LIKE
ME

MY
PERSPECTIVE
IS
UNIQUE

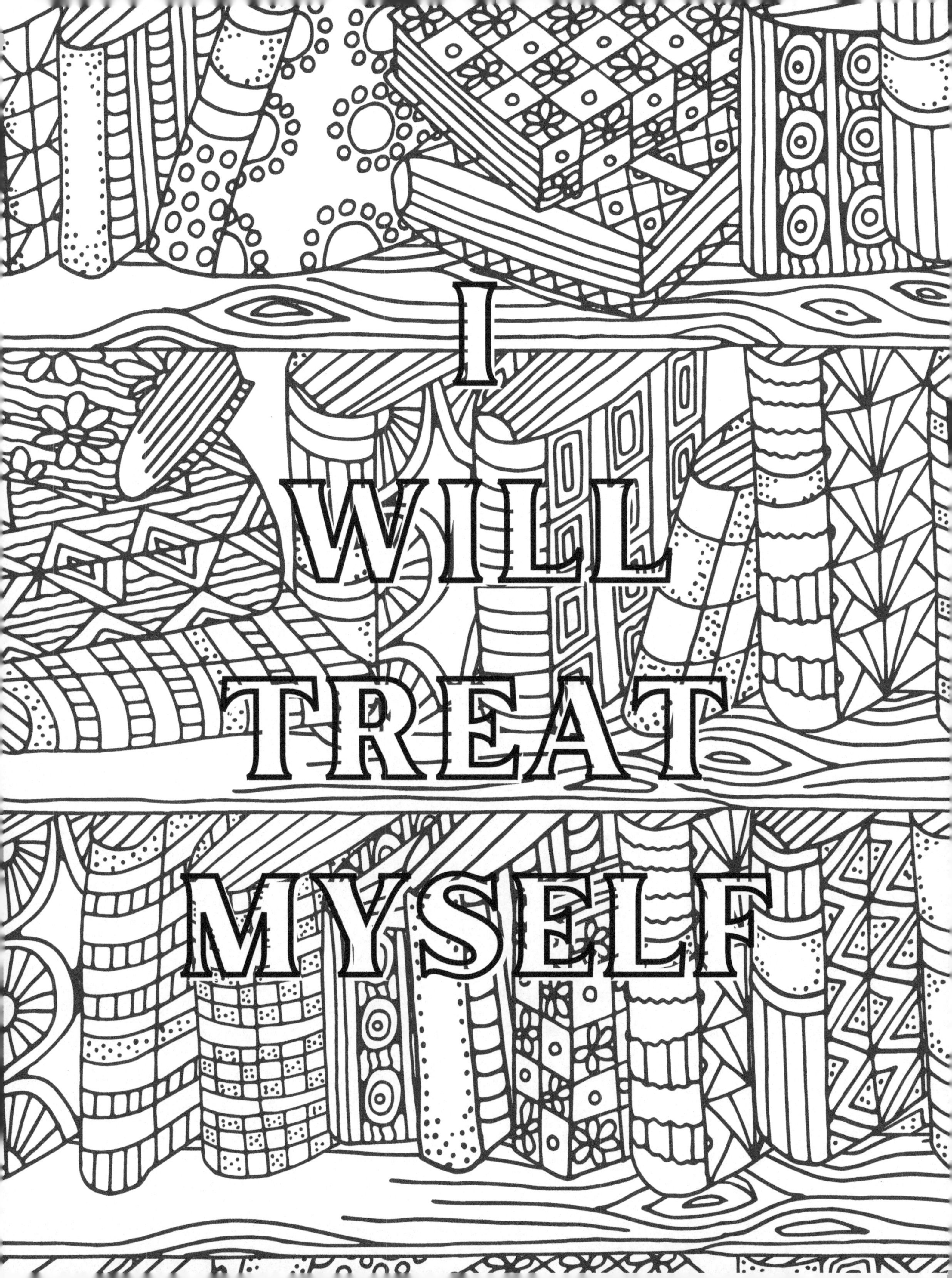
I
WILL
TREAT
MYSELF

SELF
CARE
IS
IMPORTANT

MY
FEELINGS
ARE
VALID

MY
HEART
IS
OPEN

I
WILL
KEEP
TRYING

MISTAKES

HAPPEN

NOBODY'S

PERFECT

I'M
AN
ARTIST

Made in the USA
Columbia, SC
10 August 2022

64992853R00057